科学如此惊心动魄·历史②

消失的光芒

梦回古埃及

纸上魔方 著

吉林出版集团股份有限公司 | 全国百佳图书出版单位

图书在版编目（CIP）数据

消失的光芒：梦回古埃及 / 纸上魔方著. — 长春：吉林出版集团股份有限公司，2017.6（2021.6重印）

（科学如此惊心动魄. 历史）

ISBN 978-7-5581-2371-9

Ⅰ.①消… Ⅱ.①纸… Ⅲ.①埃及—古代史—儿童读物Ⅳ.①K411.209

中国版本图书馆CIP数据核字(2017)第120276号

科学如此惊心动魄·历史②

XIAOSHI DE GUANGMANG　MENG HUI GU AIJI

消失的光芒——梦回古埃及

著　　者：纸上魔方（电话：13521294990）

出版策划：孙　昶

项目统筹：孔庆梅

项目策划：于姝姝

责任编辑：于姝姝

责任校对：徐巧智

出　　版：吉林出版集团股份有限公司（www.jlpg.cn）

　　　　　（长春市福祉大路5788号，邮政编码：130118）

发　　行：吉林出版集团译文图书经营有限公司

　　　　　（http://shop34896900.taobao.com）

电　　话：总编办 0431-81629909　　营销部 0431-81629880 / 81629881

印　　刷：三河市燕春印务有限公司

开　　本：720mm×1000mm　1/16

印　　张：8

字　　数：100千字

版　　次：2017年6月第1版

印　　次：2021年6月第2次印刷

书　　号：ISBN 978-7-5581-2371-9

定　　价：38.00元

印装错误请与承印厂联系　　电话：15350686777

前　言

四有：有妙赏，有哲思，有洞见，有超越。

妙赏：就是"赏妙"。妙就是事物的本质。

哲思：关注基本的、重大的、普遍的真理。关注演变，关注思想的更新。

洞见：要窥见事物内部的境界。

超越：就是让认识更上一层楼。

关于家长及孩子们最关心的问题："如何学科学，怎么学？"我只谈几个重要方面，而非全面论述。

1. 致广大而尽精微。

柏拉图说："我认为，只有当所有这些研究提高到彼此互相结合、互相关联的程度，并且能够对它们的相互关系得到一个总括的、成熟的看法时，我们的研究才算是有意义的，否则便是白费力气，毫无价值。"水泥和砖不是宏伟的建筑。在学习中，力争做到既有分析又有综合。在微观上重析理，明其幽微；在宏观上看结构，通其大义。

2. 循序渐进法。

按部就班地学习，它可以给你扎实的基础，这是做出创造性工作的开始。由浅入深，循序渐进，对基本概念、基本原理牢固掌握并熟练运用。切忌好高骛远、囫囵吞枣。

3. 以简驭繁。

笛卡尔是近代思想的开山祖师。他的方法大致可归结为两步：第一步是化繁为简，第二步是以简驭繁。化繁为简通常有两种方法：一是将复杂问题分解为简单问题，二是将一般问题特殊化。化繁为简这一步做得好，由简回归到繁，就容易了。

4. 验证与总结。

笛卡尔说："如果我在科学上发现了什么新的真理，我总可以说它们是建立在五六个已成功解决的问题上。"回顾一下你所做过的一切，看看困难的实质是什么，哪一步最关键，什么地方你还可以改进，这样久而久之，举一反三的本领就练出来了。

5. 刻苦努力。

不受一番冰霜苦，哪有梅花放清香？要记住，刻苦用功是读书有成的最基本的条件。古今中外，概莫能外。马克思说："在科学上是没有平坦的大道可走的，只有那些在崎岖的攀登上不畏劳苦的人，才有希望到达光辉的顶点。"

北京大学教授/百家讲坛讲师

张岐燕

贝吉塔

阴险邪恶，小气，如果有谁得罪了她，她就会想尽一切办法报复别人。她本来是被咒语封了起来，然而在无意中被冒失鬼迪诺打开。在被打开之后，她发现丽莎的父亲就是当初将她封在石碑里面的人，于是为了报复，她便将丽莎的弟弟——佩恩抓走。

善良，聪明，在女巫没有被咒语封起来之前，被女巫强迫做了十几年的苦力。因为经常在女巫身边，所以也学到了不少的东西。后来因为贝吉塔（女巫）被封在石碑里面，就摆脱了她的控制。它经常做一些令人捧腹大笑的事情，但是到了关键时候，也能表现出不小的智慧和勇气。每到关键时刻，它与丽莎的完美合作总会破解女巫设计的问题。

克鲁德 小·精灵

安得烈

外号"安得烈家的胖子"，虎头虎脑，胆子特别大，力气也特别大，很有团队意识，经常为了保护伙伴安全而受伤。

主人公介绍

丽莎

胆小，但却很聪明细心，善于从小事情、小细节发现问题，并找出线索，最终找出答案。每到关键时刻，她与克鲁德的完美合作总会破解女巫设计的问题。

迪诺

冒失鬼，好奇心特别强，总是想着去野外探险，做个伟大的探险家。就是因为想探险，他才在无意中将封在石碑里面的贝吉塔（女巫）释放了出来。

班奈特

沉着冷静，很有头脑，同时也是几个人中年龄最大的人。

佩恩

丽莎的弟弟，在迪诺将封在石碑里面的贝吉塔（女巫）释放出来之后，贝吉塔抓走了佩恩，就被女巫抓走做了她的奴隶。

目 录

目 录

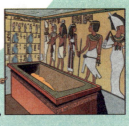

第一章

克鲁德的 "悲歌"

尼罗河畔的文明古国——古埃及

古埃及，四大文明古国之一，一个神秘而古老的国度，位于非洲东北部尼罗河中下游地区，属于典型的水力帝国。

提起古埃及，相信很多人最先想到的便是金字塔、木乃伊、狮身人面像……没错，这些的确是古埃及的象征。其中，那举世闻名的金字塔不仅仅是古埃及人因崇拜永恒观念所产生的，更是法老的陵墓。那么，古埃及人又来自哪里呢？

其实，古埃及人是由北非的土著居民和来自西亚的塞姆人融合而形成的，大约在公元前4000年后半期，才逐渐形成国家。到公元前343年为止，共经历了前王朝、早王朝、古王国、第一中间期、中王国、第二中间期、新王国、第三中间期、后王朝9个时期31个王朝的统治。

灿烂的古埃及文明

古埃及文明是四大古文明之一，时间段为公元前5000年的塔萨文化到公元641年阿拉伯人征服埃及的历史。

而在这个充满浓郁神秘气息的国度里，古埃及人不但建筑了金字塔、狮身人面像，制造出令人闻之胆寒的木乃伊，更发明了不少对后世影响深远的东西。

如，象形文字：其对后来出现的腓尼基字母影响很大，而希腊字母则是在腓尼基字母的基础上创造出来的；数学知识：古埃及人不但自创出一种数字，而且一些数学家竟能计算长方形、梯形，甚至圆形的面积；天文学：古埃及人可通过观察太阳和天狼星的运行等，制定出历法。他们所使用的太阳历的做法是世界上最早的，而这种日历恰好和我们现今所使用的大同小异。

四大文明古国包括哪些国家？

答：现代人所说的四大文明古国分别为：尼罗河流域的古埃及、两河流域（幼发拉底河和底格里斯河）的古巴比伦、印度河及恒河流域的古印度、长江黄河流域的古中国。

第二章

圣甲虫之灾

你去哪儿，米奈就去哪儿。

你离我远点儿！

当然不！有没有听到什么声音？

停！克鲁德，我们要在沙漠里过夜吗？

它话音刚落，突然从前方涌出好多黑虫子，密密麻麻地向他们冲来，吓得他们飞快逃离。

圣甲虫！

金字塔

　　埃及金字塔是古埃及法老和王后的陵墓，整整历经5000年的风雨，如今仍然耸立于尼罗河畔。那么，在古埃及，金字塔形的陵墓是从何时开始兴起的呢？

　　自第三王朝佐塞王的第一座阶梯金字塔拔地而起，古老王国的法老们便掀起了兴建金字塔的热潮。

　　法老们对自己陵墓的建设是慎之又慎的：第一，他们认为金字塔的方向要在尼罗河西岸，以便亡灵能够跟随太阳神拉共赴冥界；第二，金字塔不能建在松软的地基上；第三，金字塔要建在尼罗河泛滥区域之外；第四，金字塔的排列方式要遵循一定规律，以第四王朝法老胡夫及其儿子哈夫拉、孙子孟卡拉的金字塔为例，若是将它们与尼罗河连在一起画方位图，那勾勒出的形状简直与猎户座如出一辙。因为古埃及人非常推崇猎户座，他们认为法老的灵魂将从金字塔直接飞升至猎户座，而那里则是法老在天堂的家。

古埃及人的坟墓

在古埃及人眼里，人死后只是换了一种存在方式。他们不过是前往冥界，到冥王奥西里斯那儿求得永生。而且只要能够通过最终审判，他们便可以复活，直接到天堂与神相伴。因此，他们从一出生就开始为来世做着准备，如他们会将坟墓修建得如同家宅一般。

坟墓多由两层构成，上层为祭奠室，作为他们的家属与其亡灵相聚之处；而坟墓的底层则为墓室，里面不但建有直接通向地面的通风井，而且还有不少随葬物品，在墓室四壁上甚至还绘有色彩鲜艳的壁画。

当然，这种坟墓只是对于那些有地位的古埃及人而言的，而普通百姓的坟墓相对简单，甚至是简陋，只挖掘一个长方形的坑，死者则直接被草席裹着下葬，随葬物品只是几块瓷器、几件辟邪之物。

古埃及人下葬时

为什么要有陪葬品？

答：在古埃及人的眼里，当他们去世后，自身的亡灵便会得到奥西里斯的召见，然后便会进入西方极乐世界，从此过上衣食无忧的愉快生活。当然，"衣食无忧"的程度也要取决于随他们下葬的陪葬品的好与坏，多与少。

因此，古埃及人为了避免自己在极乐世界因饥饿而再度死亡，踏上万劫不复之路，在墓室的壁画或是陪葬品中就会有各式各样的饮食，甚至不少珍贵之物。简单来说，陪葬品和他们在生前所用没什么两样。那些上流社会的陪葬品中就不乏面包、水果、啤酒、葡萄酒、珍贵的油膏，甚至还有头枕、木箱、衣服、化妆品、珠宝、武器等。

第三章

"天堂"的"阶梯"

聪明，那里直通地下室。

我想我们不走这里吧？

拱门打开，丽莎等人飞快跑进去，他们沿着坡状隧道来到一条上坡道和一条下坡道的交界处。

我们要从这里上去？

虽然我很佩服古埃及人的建造能力，但坡道建成这样也太陡了！这次你就靠自己的小短腿攀爬吧。

这条坡道直通大甬道。瞧，它是上坡道！

胡夫金字塔

在所有埃及金字塔中，胡夫金字塔是现存规模最大的一座，其约建于公元前2580年，至今，仍巍峨地高耸在吉萨高原上。

胡夫金字塔高达146.5米，整整由200多万块、每块至少重2.5吨的巨石砌成，而且，所有的石块之间并没有使用任何黏合物。试想一下，在几千年前的古埃及，在不能借助机械的情况下，古埃及的工匠是如何将那些巨石抬到高处的呢？这至今仍是一个谜。

而且，胡夫金字塔塔身还有很多数字方面的巧合。如，若是在其塔顶的顶点引出一条通往正北方向的延长线，则该延长线恰好把尼罗河三角洲分成相等的两半，真是精确到极致！

胡夫传奇

在开罗博物馆的二层中央大厅，有一个大玻璃柜，视线上移，映入眼帘的是一尊仅一指高的象牙雕像。而它也就那么毫不起眼地沉默着，湮没在那拥有千万件大小不一、品种各异的展品海洋之中。相信你多半也不会驻足，就那么匆匆一瞥，便被其他展品吸引了。但你可知，自己忽略的乃是世界上那最宏伟陵墓的主人——胡夫法老，而这尊小小的雕像，却也是这位赫赫有名的法老仅存于世的唯一形象。

只是，在历史上，关于这位法老的记载并不是很多，只知道他是古埃及第四王朝的第二位法老，有人说他残暴无比。在他在位的23年里，他曾经大兴土木，不仅修建了大金字塔，更建造了不少庙宇，甚至还在西奈和东沙漠地区开采过矿产。

在他去世了几个世纪后，依然还有不少神话故事与他有关，甚至还有人佩戴刻有他名字的护身符（蜣螂石雕）。

胡夫金字塔的入口什么样？

答：在吉萨高原上，胡夫金字塔巍峨地伫立着，傲然俯视着周围的一切。在塔身上，"嵌"着一个巨大的入口，仿佛在诱惑着人们进去一窥究竟。

放眼观看，我们便会发现，入口位于金字塔北石壁的第十三级，距离地面大概有20米高，并由四块巨石砌成了一个类似于三角形的拱门。当法老下葬后，入口便被封死。而且，入口的角度也曾经过精密计算，据悉可利用入口来准确观测北极星。而当我们进入入口后不久，便会出现两条通道，其中一条是通往大甬道的上坡道，另外一条则是通往地下室的下坡道。

第四章

克鲁德嫉妒了

克鲁德脚下一滑，直接向后摔倒，像皮球似的滚落，米奈欲抓住它，却扑了空。大家都愣住了。

啊，没天理！好不容易爬那么高，又要从头开始，我的命好苦！

说话底气十足，看来没事儿。我说，你还要磨蹭到什么时候？

背我上去。

27

通道尽头，看着那条倾斜度为26度的大甬道，五个孩子的眉头皱了又皱。

不会又要爬吧？

当然！

可是这里既没有贝吉塔，也没有美人阿芙，还不是白费劲儿。

大甬道的尽头就是胡夫墓室，里面有不少宝贝呢！

我先行一步喽！

超级无敌"大甬道"

在古埃及所有的金字塔中，只有胡夫金字塔拥有大甬道，那么，其到底位于什么位置呢？

当我们从入口进入胡夫金字塔，最先映入眼帘的便是一条呈26度角倾斜的下坡道，当我们直行而下时，会遇到一条长度约12米，高度约1米的上坡道，以及另外一条长约107米的下坡道。

此时，若是我们选择走下坡道，那么在这条通道的尽头，我们便会发现那间恰好位于金字塔正下方约183米的石室，即地下室；若是我们沿着那条上坡道前行，到达顶端后，迎面而来的则正是大甬道，其同样保持着26度角向上爬。其全长约47米，地板宽度约2米，墙壁高度约2.3米。

另外，在大甬道下方还有一条直接通往位于南方的王后墓室，长度约39米、高度约1.15米的水平通道。在大甬道的尽头，便是传说中的国王墓室。

26度角

胡夫金字塔的"近邻"

在吉萨高原上，最引人注目的便是那巍峨耸立的三座金字塔。其中，紧挨着胡夫金字塔的便是胡夫之子哈夫拉的金字塔，其规模略小于胡夫金字塔，不过总高度也达到了143.5米，金字塔下部壁面更是用红色花岗岩砌成。而且，在其身边，还矗立着闻名于世的狮身人面像。

后来，胡夫的孙子孟考拉也将金字塔建在了哈夫拉金字塔的边上。如此一来，这祖孙三代的金字塔就成为如今吉萨高原上最为壮观的一道风景线。

狮身人面像的传说是什么？

答：伫立在哈夫拉金字塔身边的那座狮身人面像真是颇为巨大，它足足有57米长，20多米高。而且，在它那两只巨爪之间还竖立着一块纪念碑，碑上记载着一个有趣的传说：

公元1400年左右，有一天，当时还是王子的图特摩斯四世打猎来到狮身人面像旁边，突感困意绵绵。于是，他便伏在狮身人面像上面睡着了，并做了一个奇怪的梦。在梦里，狮身人面像告诉他："我是伟大的霍尔·艾姆·艾赫特，沙石憋得我透不过气来。如果你能将我身上的沙石清除掉，我一定封你为埃及之王。"图特摩斯四世在醒来后，果真指挥人将狮身人面像上的沙土清理干净，并命人在其南、西、北三面筑上一道围墙以阻挡沙石侵蚀。后来，图特摩斯四世果然成为埃及的法老。

第五章

古墓探险

我眼前除了光秃秃的墙壁还是墙壁，哪有什么宝贝？

我不那么说，你哪来的动力爬那么陡的大甬道。

你眼前不是有一具石棺吗？

呃，胡夫在里面？

救……命！

胡夫墓室里面真的空无一物吗？

胡夫墓室长约3.2米，宽约1.6米。显然，这是一个长宽比例为2:1的长方形墓室。

站在墓室中央，细细看来，我们便会发现这间墓室的地面和墙壁居然均是用那些坚硬无比的红色花岗岩砌成的，顶部更是由重约50吨的大石板拼接而成，而且竟然用了9块。

但是，室内除了紧靠西墙有一具深褐色的大理石棺外，并无半点陈设，甚至连墙壁上都没有留下任何字符。

不过，曾有人说过，胡夫的木乃伊曾经就躺在那具石棺里，里面还尽是些昂贵的陪葬品。但是，如今我们所见的不过是一口空棺，至于真相到底如何，至今仍是一个谜团。

胡夫金字塔共有几个入口？

　　站在巍峨的胡夫金字塔下，我们会发现有两个入口，其中位于石壁第六级的为马蒙入口（因9世纪阿拔斯王朝哈里发马蒙强行开凿而得名）；而离地面高度约为20米、位于石壁第十三级、面向正北方的入口则为原来的入口，只是现在只允许参观却不被使用。据说当时的古埃及人为了利用入口来准确地观测北极星，其角度曾经过精密计算。

国王殡室　　通风道　　大走廊

王后殡室

竖井

上坡通道

下坡隧道

金字塔

仅仅是坟墓吗？

答：大多数人都认为金字塔是古埃及王室的墓穴，但也有部分人对此提出其他方面的猜测。

猜测一：外星人论。因为吉萨金字塔群的斜角几乎一致，而且外部都装饰着光滑的石板，而这些石板偏偏又利于光线反射。据悉，在一年中特定的几天里，石板反射的光线在其他星球上竟能看到。因此，便有人猜测这就是古埃及人与外星生物在进行通信联络。

猜测二：充当指向雷达。有人认为，从某种程度上看，金字塔便是一座巨大的发电厂，而其发电的目的，就是为了给宇宙航行指挥方向。

第六章

复活的木乃伊

这时，墙角的石棺突然摇晃起来，众人大惊，死死盯着石棺，只有米奈神情激动。

给我血，给我肉……

木……木乃伊复活！

木乃伊扑向他们，克鲁德跳到它肩上想要阻止，却被甩到地上。

怎么办？

快！去底比斯！

聚到一起，快！

木乃伊的由来

在埃及绵延的历史长卷中，翻到5000多年前的那一卷，我们便会发现：那时的埃及人在丧葬方面还没有那么多的讲究，他们只是在沙漠中挖一个浅坑，然后将尸体葬于其中。然而，那炙热、干燥的沙粒很快将尸体的水分吸收掉，从而令尸体成为一具干尸。

后来，古埃及人为了让自己的亡灵在另一个世界生活得更美好，便开始修建坟墓。只是，尸体却再也得不到纯天然的干燥。不过，他们信奉"尸体必须完好保存才有来世"，便开始寻找保存尸体的方法，于是"木乃伊"应运而生了。

木乃伊是如何制作的？

在古埃及，制作木乃伊是他们特有的传统，有一批人专门负责制作木乃伊。这些人掌握着独有的技术，而且代代相传。那么，他们又是如何制作木乃伊的呢？

第一，为尸体"洗澡"，将尸体浸入泡碱液池内消毒。而且在浸泡过程中，还要诵念符咒，高唱赞歌。

第二，尸体要经过"洗礼"，清理尸体内脏，只保留心脏。

第三，用香料和酒精清洗被掏空的尸体；为防尸体过早干瘪，在其内塞满亚麻布等临时填充物；最后将尸体放入干燥的泡碱中令其彻底脱水。

第四，为尸体化妆：40天后，当尸体脱水完毕后，便开始为尸体上妆。

第五，用白色的亚麻布包裹上好妆的尸体。

狮身人面像
是谁建造的?

答：狮身人面像以其宏伟而神秘的外形吸引世人的目光。人们在惊叹之余，不禁要问是谁建造了它？

有人说是法老胡夫建造的。传说，法老胡夫在巡视自己快要竣工了的陵墓——金字塔时，发现采石场上还留下一块巨石。胡夫当即命令石匠们，按照他的脸形，雕一座狮身人面像，让它为自己守灵。

也有人说是胡夫的儿子——法老哈夫拉建造的。法老哈夫拉继位后，为了巩固自己的统治地位，让臣民对这个王朝更加敬畏，于是将他的父亲进行神化，并根据他父亲胡夫的肖像建造了狮身人面像。

第七章

花园遇险

古埃及人的房子

在古埃及，百姓是和牲畜同住的。他们大概有4~6间房屋，当然，这些房屋也是用泥砖所建。而且，古埃及人有一个特殊的习惯，他们喜欢在屋顶做饭，所以在这些房屋中，厨房是最具特色的。也正因为如此，每当用餐时间，在房屋上空便飘散着浓浓的饭菜香味，彰显出浓浓的生活气息。但是，那些与他们混居的牲畜呢？不用担心，那房屋非常隐秘，窗户又高又小，可以完全挡住外界的视线，更挡住了如火的阳光与扬尘。

而富裕人家的住宅四周还有一些充满生机的花园。园中建有水池，水中还有鱼。那通向迎客厅的庭院，更是建有列柱廊；房屋的墙壁和天花板上甚至还装饰着几何花纹或是植物；在宽大的平台上，有休息的场所。

古埃及人穿什么?

在古埃及，因为当地气候的原因，最初的古埃及男人只穿简单的腰缠布，清爽至极。就只是将一块白色的长方形布料，包裹在腰间，然后再打上结系牢。当然，若想穿出特色来，则可在长度或是褶饰上做些变化。而在新王国之前，女人们只穿传统的单肩或是双肩的紧身、长至脚踝的长裙。

进入新王国后，古埃及女人学会了染色、浆布、绣花等技术。所以，在服装上，仿佛只是一夜之间，便发生了不小的改变。男人们不再只穿腰缠布，不但穿上了短袖束腰上衣，在腰缠布外还套上了长袍。而女人的裙子，则变得极为宽松，但是轮廓却依然分外凸显，所以，便在胸下巧妙地打上花结。既有了层次感，又多了份别样的点缀。而且，不单单是样式，在颜色、花纹上也做了很多改变，增加了很多新鲜、大胆的图案。

古埃及女人的
地位如何？

答：在古埃及，女人是享有一定权利的，而且地位足以让现代女性望尘莫及。

因为那时，就连法老们都在竞相争着娶自己的姐妹为妻子，从而生下血脉正统的王位继承人。父母更是会选择女儿继承他们的财产。因此，在经济上，她们是独立的。即便将来有了自己的家庭，丈夫也不能干涉妻子的私有财产。如果离婚，她们不但可以带走原本属于自己的东西，丈夫还要支付她们一笔补偿金。而且，当她们去世后，同样会被制成木乃伊，或与丈夫合葬，或是单独立一块墓碑。

第八章

庭院比剑

男人挥手，女子走到他身边，男人对她耳语。

父亲心慈，给你们一个重获自由的机会。只要她能打赢我！

什么？

呃，古埃及的女子喜欢格斗，而且是以击剑的方式。

不是做鱼食吗？怎么又打架？什么逻辑？

呃，用手抓着吃，也不嫌脏。那是啤酒吗？天这么热，真想喝一口。

都这个时候了，佩恩你还惦记着吃。丽莎，你没事儿吧？

没事儿。现在怎么办？

古埃及人的妆容

在古埃及，无论男女，都画眼影。在上妆时，他们常会用刷子或是用手指直接将眼影涂在上眼睑，直接画到外眼角处，眼线则会再由外眼角处向耳朵方向延伸。而眼睛经这么一画，便立时显得明亮又有神。

而且，在古埃及，还极盛行戴假胡须和假发。

那时，人们认为男人留胡须是不讲卫生的表现。所以，无论富人还是穷人，都会剃掉胡须。不过，尽管他们不留胡须，但对胡须却心怀崇敬。因此，在正式场合，他们都会戴上假胡须，而且法老的胡须要长于普通人。若是一个女人出席正式场合，则要戴上假发，而最时尚的假发便是以神的发型为榜样。其实，不仅仅是女人，那些怕热的古埃及男人做得更是干脆，他们直接将头发剃光而只戴着假发。

古埃及人吃什么？

在古埃及人的食谱里，无论穷人还是富人，有一种食物是他们百吃不厌的，那就是面包，而且，面包还被称为"生命支柱"。

至于蔬菜，他们常吃的有：洋葱、蚕豆、青豆、莴苣、黄瓜等，而水果则以葡萄、椰枣、无花果以及各种瓜类为主。当然，他们也吃肉类，只是肉类是属于贵族人的食物，穷人只会偶尔将肉类作为祭品。不过，在尼罗河水泛滥过后，鱼就成了一道美味。他们也是爱饮酒的，啤酒是他们的最爱，葡萄酒更是有钱人才能享用的饮品。

而且，他们最爱席地就餐，并用手抓着食物吃，当然还要时不时地喝上一口酒。

古埃及人是怎么制作 面包和酿酒的？

答：在古埃及，无论是做面包，还是酿酒，主要都是由女人来做的。

在做面包时，女人们先将谷子用石磨碾成面粉，再加入酵母、奶、香料还有食盐等，然后揉成面团，并将面团分成若干小块，放在太阳下暴晒，直到面团发酵，而那些烤好的面包更是形状多样，呈正方形、扁平形等。

啤酒是利用特制面团酿制的。首先，将面团轻度烘烤；其次，女人们会将面团捣碎，并掺入热水混合，然后她们用筛子将其过滤；最后，她们将得到的麦芽汁倒入陶罐中发酵，只需两天，啤酒便酿成了。

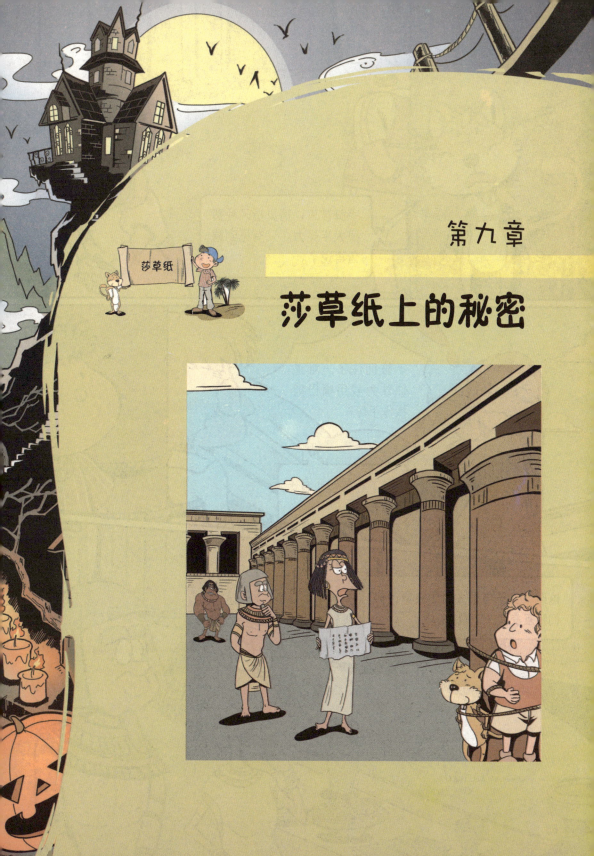

第九章

莎草纸上的秘密

手脚被束，精灵指又耗费掉大半灵力。只有见到鳄鱼再说了。

手被捆住了。难道你认为我用嘴巴能操作手环？

对了，我们还有手环呢！丽莎……

这时，女子与男人用餐完毕，他们相互交换一下眼神。

莎草纸的制作工艺

　　莎草纸容易携带，而且比较廉价，在蔡伦的造纸术传至古埃及之前，曾经是古埃及人使用最为广泛的书写纸。那么，其是怎么制作的呢？

　　其实，莎草造纸术并没有想象中那么复杂，只需要剥掉那些收割好的莎草外面的那层硬皮，然后再按照要求将它们切成一段一段，并将那些小段浸在水里。当浸泡到一定程度时，便将其捞出，并用刀片将小段们剖成薄片。紧接着再将这些薄片铺到平整的石板上，并盖上一层亚麻布，最后还要压上一块石板。这样一来，草茎里的水分就会被逐渐挤干。当然，还要再经过几天的自然晾晒，才算真正完工。此时，若是揭开亚麻布，一张莎草纸就完美地展现眼前了。

莎草纸

古埃及的文字

　　约公元前4000年左右，聪明的古埃及人便创造出象形文字，而这种象形文字与苏美尔文、古印度文以及中国的甲骨文一样，同样脱胎于原始社会中的图画和花纹。只是，这种文字最初不过是一种图画文字，直到后来才逐渐发展成为由表意、表音、限定符号组成的象形文字。

　　其中，表意符号是利用图画来表示对一些事物的定义，特点是图形和符号有密切的关系，但不能表示字的发音。因此，聪明的古埃及人便发明了表音符号，其也是一些图形，共有24个子音，并因此构成了双子音和三子音。不过，表音符号的发音表示的并非一种意思，为了有所区分，古埃及人紧接着又发明了限定符号，而且，绝大部分的埃及词语都具有限定符号。

莎草是一种
什么样的植物？

答：莎草是一种水生植物。在古埃及，它更是一种特色植物。因此，在很多壁画，或是雕像、建筑中都能见到它的影子。

其实，它是生长在尼罗河沼泽地里一种与芦苇相像的植物，只把妙处都隐藏在那普通的外表下。

(1) 莎草的嫩芽能够食用。

(2) 当莎草晒干后，其丰富的纤维会变得更加坚韧耐磨，因此古埃及人便利用莎草做编织品。

(3) 古埃及人将莎草做成滴水不漏的小船，为渔民提供了方便。

(4) 古埃及人利用莎草制造出能书写的莎草纸。

第十章

沼泽地惊魂

两个男人挥动手里的鱼叉恐吓鳄鱼，五个孩子左躲右闪，眼看就要走到开满莲花的沼泽边缘。

磅礴的尼罗河

　　埃及是一个少雨的国度，不仅仅是现在，在几千年前的古时也是如此。若不是世界上那条最长、水量位居第二的尼罗河从埃及境内流过，今天的埃及，估计也将会是一个人烟稀少的地方。

　　尼罗河一共有两个源头，一个为白尼罗河，另一个则为青尼罗河。它们有着不同的源头，白尼罗河发源于海拔2600米的热带中非山区，青尼罗河发源于海拔2000米以上的埃塞俄比亚高原。而只有这两条河流在苏丹平原汇合之后才是我们所熟知的尼罗河。

　　尼罗河气势磅礴，由南向北奔腾着，流经6700千米，才呼啸着流入地中海。而在埃及的整个境内，其长约1530千米，还不及整个长度的1/4，两岸则是3~16千米不等的河谷。而其流经开罗后，又被分成两条支流。

尼罗河三角洲

尼罗河三角洲位于埃及的北部，临近地中海，曾孕育出埃及数千年的灿烂文明。

在古埃及人看来，三角洲简直就是尼罗河女神为他们精心准备的"粮食储备仓"。宽阔的河流携带着大量的泥沙，时而在河湾处减速，时而又盘旋，然后再慢慢沉淀。周而复始，河湾处便逐渐成为大量泥沙的淤积地。而这片淤积地便是古埃及人的"粮食储备仓"——三角洲。

在每年的秋分时节，尼罗河便会迎来长达100多天的泛滥季。当泛滥季迈着步子翩然离去时，古埃及人终于盼来了属于他们的农耕收获季。当然，最先成熟的是亚麻，当收完亚麻后，他们又会马不停蹄地收割麦子。

古埃及也有 四个季节吗？

答：古埃及人将一年分为三个季节：泛滥季为6月到9月，此时尼罗河水正滋润着土地，是埃及的农闲时节；播种季为10月到次年1月，尼罗河水退去，露出肥沃的土地，人们开始耕作；收割季为2月到5月。

第十一章

男人的愤怒

在尼罗河岸，朵朵白莲在晚风中摇曳，美得让人移不开眼。一艘纸莎草船静静停在岸边的莲花丛中。

终于明白这里的女人为什么喜欢用白莲做发饰了，又香又美，非常讨人喜欢。

当然不会，我编制的纸莎草船是最结实的。别磨蹭了，快上来。

船好像不是木头的。这么多人，不会沉吧？

83

发生分化的古埃及

在埃及的历史长河中，喜克索斯人曾"鸠占鹊巢"，统领过古埃及一段时期。

大概是公元前18世纪，喜克索斯人开始逐渐向尼罗河三角洲迁移，并在18世纪后期，建立起属于自己的政权。

当时，古埃及人意识到情况不妙，便发动战争去征讨喜克索斯人，却发现根本不是他们的对手。面对喜克索斯人从亚洲带过来的先进武器（如马拉战车、鱼鳞甲、铁质弯刀），古埃及士兵很快就败下阵来，无奈之下，只得将大片国土忍痛让给喜克索斯人。

喜克索斯人占领土地后，不仅膜拜古埃及众神，而且国王也自称为"拉神之子"，并建立了第十五王朝、十六王朝，定都于阿瓦利斯。直到阿赫摩斯一世在底比斯建立第十七王朝，并在公元前1580年左右攻占了阿瓦利斯城，才彻底将喜克索斯人赶出埃及。

古埃及人的农业

在4000多年前，古埃及人就知道农业的重要性。于是，在三角洲一带，他们便依据尼罗河水泛滥的规律，在这片土地上种植了大片的农作物。

当洪水还没有完全退去时，他们就开始忙碌了，先是撒下希望的种子，如稻谷、大麦、小麦、亚麻、豆子，还有葡萄。当然，播种只是一方面，接下来他们又开始着手另一项工程：灌溉。他们先是有目的地修建一些土石工程来达到灌溉的目的（如沙都夫，一头悬挂桶，一头是维持平衡的石块，通过枢轴调节来汲水）。当收割季来临时，他们又开始了新一轮的劳作。男人们拿着镰刀在麦田里挥汗如雨，口中哼着小调，那悠扬的歌声在三角洲上空飘荡着，唱不尽丰收的喜悦。

古埃及人
喜欢乘船吗?

答：古埃及人极其喜欢乘船。在那绵延不绝的尼罗河上，无论是上行，还是下行，船无疑都是最好的交通工具。

在古埃及，船一般分为两大类，一类是小型的日常交通用船，另一类则是大船。其中，小船多为莎草编制而成，多用于日常出行，如驾着莎草船在尼罗河上捕鱼；而大船则多用来运输重物，如石材等物。

第十二章

夜观星象

91

古埃及人为什么要研究星象？

其实，古埃及人最早对于星象的研究与相关方面的知识积累，主要是为了配合农作物种植方面的需要。因为那时的农业生产，不管是播种季节，还是田野或果园的丰收，无一不依赖于尼罗河每年的泛滥。

然而，尼罗河的泛滥又与星体运动息息相关。所以，古埃及的僧侣很早便开始制作天体方面的图。如第十八王朝哈特谢普苏特统治时的塞奈特墓中的天文图，便是迄今所知最早的天文图。

而且，在辨识星象方面，他们所知晓的星座为猎户座、大熊座、天鹅座、仙后座、天龙座、天蝎座等；注意到的行星有金星、木星、火星、土星等。

古埃及人怎么记录时间？

在古埃及，是有专门的时间记录员的，而担任者往往是些特定的僧侣。

每天夜里，他们都要观察星体的运动，并记录固定星的次序。如月亮和太阳的升起及降落的时间，月亮和行星的运动以及各种天体的运动轨道等。

而且，僧侣们还要将记录的资料整理好，并提出天体本身发生的变化及做出相关的活动报告。

古埃及的
历法

答：古埃及人是充满智慧的，他们根据尼罗河一年一度的泛滥制定了民用历法。他们规定，每年365天，共分为3个季度12个月，每个月又分为3周，每周包括10天。另外，再将额外的5天作为节庆日，依次作为冥神奥西里斯、太阳神荷鲁斯、黑暗之神塞特、生育女神伊西斯、死亡之神妮芙蒂斯的生辰。这是人类历史上产生的第一部太阳历。

第十三章

不想嫁人的新娘

夕阳西下，底比斯小镇，他们再次站在这座带有花园的住宅前。

才一秒钟，天又黑了！呃，这里是……你疯了！

前面1000米，阿芙在那儿。

我只想吃面包。

那里面有。待会儿来个72变，等我！

古埃及人重视婚姻吗？

在古埃及，无论是农村，还是城市，人们都非常重视婚姻的意义。在他们看来，结婚是一生中最为重要的事情之一，是精神和身体的归宿，更是天人合一。而且，他们还认为，结婚又是一项宗教义务，表示对众神的尊敬。

其实，古埃及的婚姻并非我们所想象的那般刻板无味，执意信奉"父母之命，媒妁之言"。在订婚前，男孩与女孩之间是可以相互交往的。遇到心仪的姑娘，男孩甚至可以大胆去追求。在古埃及的家庭里，家里来客人时，那些待字闺中的女孩还可以出来招待客人。因此，也在无形中增加男女交往的机会。

结婚了

　　古埃及人在结婚前，通常会举行订婚仪式：小伙子来到装饰一新的女方家中，先向准岳父母献上珠宝礼物，然后再将戒指戴在穿着艳丽"订婚服"的姑娘的手上。

　　正式结婚的日子到了，新娘进入新郎家的前一晚，即古埃及人的"哈纳之夜"，男方和女方家分别举行彻夜欢庆活动。

　　在女方家中，新娘会穿着粉红色嫁衣，装扮得艳丽无比，甚至连脚趾上都会染上鲜红的指甲油。

　　正式举行婚礼的那一天，新郎和新娘会在众亲友面前签署婚约。当太阳落山时，在亲友们的陪同下，在乐队的伴奏中，新郎便将新娘迎娶到新房。

古埃及
有婚姻法吗？

答：古埃及是世界上最早制定婚姻法、规定婚姻权利与义务的国家。

婚姻法规定：在结婚前，男女双方必须订立婚约，并由当事人和三名政府官员签署；男女都拥有结婚和离婚的权利；丈夫必须善待妻子和子女。而且，在他们婚后，丈夫不可随意侵犯妻子的私有财产，更不得限制妻子如何支配个人财产；当他们离婚后，妻子可以带走原本就属于自己的东西，另外，丈夫还要支付妻子一笔补偿金。妻子一旦发现丈夫有外遇，不仅可以主动提出离婚，丈夫除了要付给妻子补偿金外，还须将自己财产的1/3转交妻子。

第十四章

奇怪的数字组合

在尼罗河西岸的国王谷，图坦卡蒙墓室里，众人看着那精美的壁画、威武的武士雕塑、金光闪闪的神龛、套了三个套棺的棺椁，不由怔住，新娘却唇角上扬。

好奢侈，棺材也要穿三件"外套"，图坦卡蒙也不怕闷。

他的棺材没有盖上。啊，黄金面具！

黄金！天哪，法老的诅咒！

不要危言耸听，那只是个传说。

这间墓室的确被诅咒了。不过，你们先看这组数字。

1 12
2 24
4 48

前面一组数字消失后，壁画上又出现了一组数字。这是古埃及人计算12×12时所用的倍增法。

1 12
2 24
4 48
8 96

国王谷里的图坦卡蒙墓室

在第十八王朝的图特摩斯一世即位前的500年里，大部分法老的陵墓都被盗墓贼洗劫。于是，为了让自己的亡灵不被打扰，图特摩斯一世为自己找到了宁静的安身之所——底比斯以西群山中的一处山谷。后来的法老都将陵墓建在此处，这片山谷也最终演变成文明的"国王谷"。而在那些隐藏在岩壁内的王陵里，图坦卡蒙的王陵便位于峭壁的脚下。

图坦卡蒙约生于公元前1341年，是古埃及新王国时期第十八王朝的第十二位法老。当他9岁时，便已经君临天下，但仅仅在位10年。在他19岁时，突然暴亡。而他的陵墓更是极尽奢华，简直就是一个放满珍贵宝物的小型"博物馆"。而且，随着1922年那支考古队的进入，甚至传出了"法老的诅咒"这一轰动一时的说法。

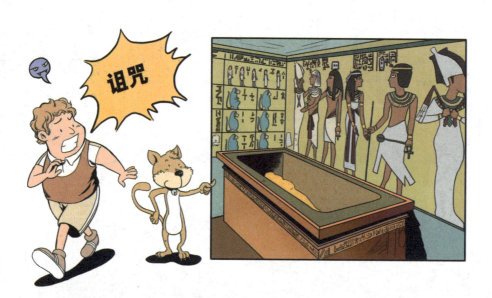

古埃及人是怎么画画的？

在古埃及，人们绘画所使用的颜料全是天然的矿物。如利用木炭画黑色；用铁矿赭石画红色、棕色或黄色；用白渣或石膏画白色；用铜矿孔雀石粉画绿色。那么，他们是直接用这些矿物粉来画画吗？当然不是。他们先是在那些矿物粉中掺上些水，紧接着再添上蜡或胶，制成一个简单的"蛋彩"。接着，该作画了（以壁画为例）。

（1）在岩石或墙壁上，精心涂抹一层石膏或灰泥。

（2）待石膏或灰泥干后，便开始"挥"蛋彩作画。

（3）画完后，要在画面上涂一层蜡或透明漆，以确保存放时间长久，画的颜色轻易不变。

那时，壁画的取材几乎与浮雕是相同的，大都是他们的日常生活，如，祈神仪式、农耕、战事、盛典、盛宴、乐舞等。而且，除了壁画外，古埃及在绘画方面还有墨画、莎草纸画、地板画、布帛画、器物饰绘等。

古埃及人创建了怎样的"数学王国"？

答：在古埃及，人们每年都要丈量尼罗河泛滥后的土地面积，并推算谷堆体积和谷仓的容积。当然，还有修建法老陵墓时，更为精细的计算。而在这些知识的积累下，古埃及人在数学方面有了一定的建树。如他们在算术、代数、几何等方面都有所研究，下面便以算术为例，看一下古埃及人的智慧。

古埃及人在计算数字之间的乘法时，曾开辟出逐次扩大2倍的方法。如在《兰德纸草书》上便记载着12×12的计算方法——倍增法，将12依次扩大2倍，即12的4倍加上12的8倍，便恰好是12的12倍，即最终结果为144。

第十五章

新娘变成了虫子

在卡纳克神庙前，他们从天而降，惊扰了正在迎接太阳的女法老哈特谢普苏特和她的臣民。

你们是什么人？竟敢擅闯圣地？

呃，人妖？

我们是地地道道的底比斯人。我知道神庙一共有10座塔门，这座大厅更是超过5000平方米！

闭嘴！

不，不，我们是……

法老，他们一定是阿蒙神赐给您的奴隶。

115

你以为自己毫无破绽吗？贝吉塔，我太熟悉你身上的味道了。

还是这样轻便。很好，都到齐了！阿芙，你还想躲到什么时候？

身穿白色亚麻长裙的阿芙从塔门出来，有些犹豫地走到克鲁德等人身边。

怎么回事？

龙珠与我的身体已经融为一体，根本取不出来。我来这儿，是想借助阿蒙神的威力削弱龙珠的能量。我快承受不住了。

蠢货，你居然敢……很好，你只有死了！还有你们，总坏我的好事，所以，都要死。

此时，阿芙身上的光芒变强，将光球打散。

怎么会？不要，不要消失！

贝吉塔眼睁睁地看着众人消失在耀眼的光芒中。

117

卡纳克神庙

在古埃及人看来，神在人间是有居所的。而他们为了得到神的眷顾，便大肆为其修建神庙。而在那些修建的神庙中，唯属位于圣城底比斯，与帝王谷隔河相望，供奉着阿蒙神的卡纳克神庙最为著名。

卡纳克神庙占地约0.24平方千米，主要由三部分组成，共有10座塔门，其中最引人注目的便是大柱厅，先不说它那约5000平方米的庞大面积，单密布厅中的那134根20米高的石雕彩绘立柱，就让人为之惊叹，那两排支撑着大厅的制高点、重达12吨的石柱，更是让人折服于古埃及人的匠心智慧。

女法老哈特谢普苏特

哈特谢普苏特是第十八王朝第三任法老图特摩斯一世的女儿，在12岁时便嫁给了同父异母的兄长图特摩斯二世。只是在她18岁时，图特摩斯二世便撒手人寰，因为她只生了女儿，便只能将法老之位传给图特摩斯二世的妃子之子。不过，当时的图特摩斯三世不过是一个年仅6岁的孩子，根本不能主政。因此，哈特谢普苏特便理所当然地成为掌权者。

可惜，她拥有较强的权力欲，仅摄政一段时间，便直接坐上了法老的位子。而且，为了回避自己的女性身份，在执政期间，她干脆以男性形象示人：身穿法老短裙，并佩戴法老头饰和假胡须。

当然，这位女法老是具有一定能力的。在她的治理下，当时的埃及风调雨顺，国泰民安，而且，她更是史无前例地开拓出埃及与蓬特的贸易往来。

古埃及是
怎么衰落的？

答：有学者推测，古埃及人赖以生存的母亲河——尼罗河曾发生过水量骤减的情况，引发了干旱及饥荒，最终导致了古埃及衰落。这一观点曾在考古界的一项重大发现中得到了佐证。

1971年，考古学家发掘了一座距今大约4200年的古埃及王国末期的一位总督的古墓。在这座古墓的墓墙上，用象形文字写道：在古埃及王国末期，整个古埃及发生了极其严重的大饥荒……

如果这段记述是真实的，那么关于古埃及王国突然走向衰落的千古之谜或许就找到了答案。